ACAJOU,

OPERA COMIQUE.

Par Monſieur FAVART.

Repréſenté pour la premiere fois ſur le Théatre du Fauxbourg Saint Germain, le 18. Mars 1744.

Le prix eſt de vingt-quatre ſols.

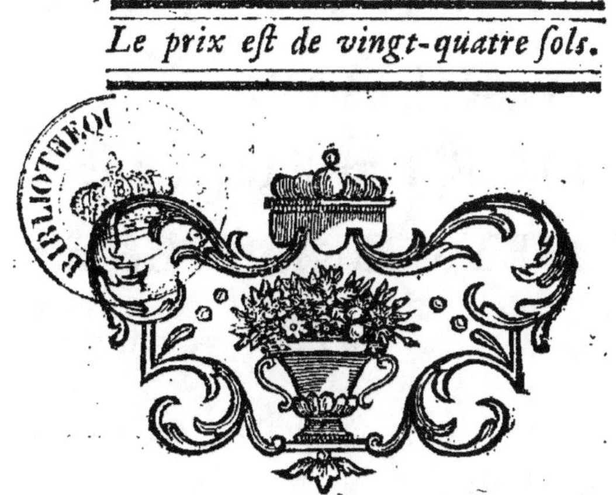

A PARIS,

Chez PRAULT, fils, Libraire, Quay de Conty, vis-à-vis la deſcente du Pont-Neuf, à la Charité.

M. DCC. XLIV.

Avec Approbation & Privilege du Roy.

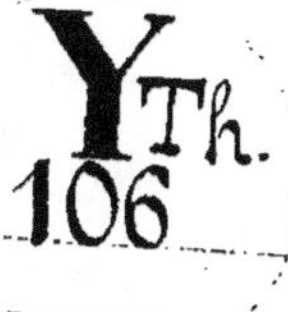

ACTEURS.

HARPAGINE, Fée.

NINETTE, Fée.

ZIRPHILLE, Princesse.

PODAGRAMBO, Génie.

ACAJOU, Prince.

M. MORTIFER, Medecin.

M. METROMANE, Géometre.

M. STENTOR, Avocat.

M. GLAPISSANT, Huissier Audiencier.

M. FAUSSET, Procureur.

Troupe de Nains de la Cour de Ninette.

Le Théatre représente le Palais d'Harpagine.

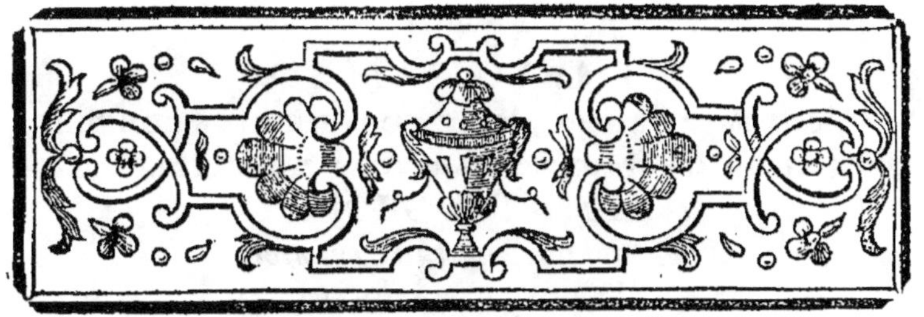

ACAJOU,

OPERA COMIQUE.

SCENE PREMIERE.

PODAGRAMBO, HARPAGINE.

PODAGRAMBO.

AIR. *N'aurai-je jamais un Amant.*

Harmante Sorciere aux yeux doux,
Je brûle d'être votre époux,
Quand pourrons-nous,
Malgré les jaloux
Terminer l'ailliance.

HARPAGINE.

J'attends ce moment comme vous,
Avec impatience.

PODAGRAMBO.

Vous m'aimez donc Madame Harpagine?

HARPAGINE.

Point du tout Seigneur Podagrambo, les Grands ne se marient que pour unir leur puissance.

PODAGRAMBO.

Vous avez raison, je ne vous aime pas non plus moi, cela n'y fait rien, je vous épouserai.

HARPAGINE.

AIR. *Vous voulez me faire chanter.*

Pour moi je suis prête à former
Ce lien desirable ;
Car je viens de me faire aimer
D'un jeune homme adorable.

PODAGRAMBO.

Fort bien, c'est par nécessité
Qu'Harpagine m'épouse,
C'est trop d'honneur en vérité.

HARPAGINE.

Oh ! point d'humeur jalouse.

Avez-vous oublié que les Fées nos ennemies ont prononcé, que nous ne pourrions nous unir à moins que nous ne nous fissions aimer de quelqu'un.

AIR. *Il faut suivre la mode.*

A votre mérite, à vos traits,
Si mon cœur est inaccessible,
Si malgré mes picquants attraits,
Je n'ai pû vous rendre sensible,
Dois-je donc rester sans emploi ?
Non, le célibat m'incommode,
Un autre m'aime, épousez-moi,
Il faut suivre la mode.

PODAGRAMBO.

AIR. *Et mon petit cœur de quinze ans.*

J'entre dans vos desseins prudens,
Et vous m'aurez dans peu de tems ;
Car enfin j'ai tout lieu de croire,
Que j'aurai bientôt la victoire,
Sur une petit cœur de quinze ans.

HARPAGINE.

Tout de bon !

PODAGRAMBO.

Apparemment, j'ai honnoré Zirphile de mon choix.

HARPAGINE.

A merveille : je suis persuadée qu'elle aura du goût pour vous, elle est d'une bêtise si grande !

PODAGRAMBO.

Passons les complimens.

HARPAGINE.

Mais vous aurez peine à tromper la vigilance de la Fée Ninette, sa protectrice.

PODAGRAMBO.

Prr... une petite folle de trois pieds & demi, qui ne raisonne que quand elle met des lunettes, prétend-t'elle contre carer un Génie de ma sorte ? car je suis un grand Génie moi, je vais me montrer à sa Cour : dès que Zirphile me verra sous les habits d'un petit-Maître, crac son cœur est à moi, je vous souhaite un pareil succès.

HARPAGINE.

Le mien est sûr : depuis que j'ai enlevé Acajou au berceau, dix-sept ans se sont écoulés sans qu'il ait vu d'autres femmes que moi.

AIR. *Le masque tombe.*

L'amour éclos avec l'adolescence,
Cher Acajou tes desirs vont germer,
Mes soins, mon sexe & le besoin d'aimer,
Ont sur ton cœur étendu ma puissance.

PODAGRAMBO.

Mais ne craignez-vous pas que votre Acajou ne se forme l'idée de quelque objet femelle, dont la comparaison. . . .

HARPAGINE.

Quand même il en verroit à présent de plus aimable que moi, je serois toujours préférée ; l'éducation ridicule que je lui donne, ne peut que lui inspirer un faux goût qui me rassure.

PODAGRAMBO.

Comment vous y prenez-vous ?

HARPAGINE.

Un Avocat lui montre à chanter, un Médecin à faire des armes, un Abbé à jouer de la vielle à minauder & à découper, un Géometre à faire des vers.

PODAGRAMBO.

A faire des vers ?

HARPAGINE.

Oüi, c'est un ridicule de plus. Enfin il est au point de préférer l'enluminure & le vernis de Martin, au coloris de Rubens ; & les Comédies modernes, à celles de Moliere.

PODAGRAMBO.

Diable ! Mais, mais, vous n'y pensez pas, il y a là de quoi faire un jeune homme accompli.

HARPAGINE.

Aussi l'est-il, le voilà, jugez-en.

SCENE II.

ACAJOU, HARPAGINE, PODAGRAMBO.

HARPAGINE.

AIR. *Confiteor.*

Quel objet offre plus d'attraits,
A bien choisir je suis habile,

PODAGRAMBO.

Il a la grace, il a les traits
De la jeune & tendre Zirphile;
Mais Zirphile est dans sa façon,
Plus parfaite que ce garçon.

ACAJOU.

Qu'est-ce que c'est que Zirphile?

HARPAGINE.

Rien, rien, (*bas au genie,*) à quoi bon parler de Zirphile.

PODAGRAMBO.

Comment rien, rien, Diable! mon choix vaux bien le vôtre: Zirphile est la plus jolie Princesse de l'univers.

HARPAGINE *bas au génie.*

Quelle imprudence!

PODAGRAMBO.

Il est aisé de vous en éclaircir, ses jardins sont voisins des vôtres.

HARPAGINE.

Le butord.

ACAJOU.

AIR. *Silvie j'ai vu vos beaux yeux.*

Zirphile (*bis*)
Je voudrois la voir
Dans cet azile,
Comblez mon espoir,
Je passe
Des momens fâcheux,
L'ennui s'éface,
Lorsque l'on est deux.

PODAGRAMBO.

Oui dà !

HARPAGINE.

Et ne suis-je pas avec vous ? Cette Zirphile dont il parlent, est laide en comparaison de moi.

ACAJOU.

Oh ! tant mieux, vous êtes si belle, si belle, que je suis sûr que la laideur de Zirphile me plaira.

PODAGRAMBO.

Ah ! ah, ah, elle est adorée, ah, ah, ah.

HARPAGINE.

Ah ! ah, ah, riez, vous êtes le plus sot Génie.

PODAGRAMBO.

Là, là, tout doux, point d'invectives ma future moitié, il semble que nous ayons déja six mois de mariage.

HARPAGINE.

Si vous continuez vos balourdises, nous avons tout l'air de rester comme nous sommes.

PODAGRAMBO.

Parbleu ce sera plus votre faute que la mienne, & je croi que Zirphile....

HARPAGINE.

Encore ! suivez-moi, Seigneur Podagrambo, *(à Acajou)*

(*à Acajou*) Mon fils ; j'apperçois M. Mortifer votre Maître d'Armes ; cultivez vos talens, c'est le moyen de plaire.

ACAJOU.

Obéissons donc à la Fée pour plaire à Zirphile, si je puis la voir.

SCENE III.

ACAJOU, MORTIFER, *en robe de Docteur en Médecine.*

MORTIFER.

MOnsieur *Recipe* un fleuret, soyez attentif, vous pouvez vous vanter d'avoir pour Maître d'Armes le célébre Mortifer, Docteur en Médecine, *Medicus sum & Doctor*, je veux morbleu qu'avant six mois vous soyez en état de dissequer un homme à la pointe de l'épée.

ACAJOU.

Mais, Monsieur le Docteur, il me semble que la profession de Maître en fait d'Armes ne simpatise guére avec la Médecine.

MORTIFER.

C'est ce qui vous trompe, Monseu.

J'écoutois de là son caquet. Air du Cocq de Village.

Maître d'Armes & Médecin,
Ont entre-eux peu de difference,
Tous deux possedent la science
De détruire le genre humain.

L'un tue son homme tout aussi bien que l'autre, avec la tierce & la quatre, comptez là-dessus.

ACAJOU.

Je m'étois figuré que la Médecine étoit l'art de guérir.

MORTIFER.

Vous avez raison.

ACAJOU.

AIR. *A sa voisine.*

Un tel principe vous dément,

MORTIFER.

Nous sçavons radicalement
Guérir la maladie,
Et le malade simplement
En perd la vie.

ACAJOU.

Rien n'est tel que de tuer le malade, pour le guérir de tous ses maux.

MORTIFER.

Sans doute, *sublata causa tollitur effectus.* Mais il est tems de prendre votre leçon, apprenez que toute la science des armes consiste dans le Sistole & Diastole du poignet, voilà le préservatif de la tierce, voilà le préservatif de la quarte ; c'est par la Circulation du fer que l'on repousse toutes les attaques. Allons, mettez-vous en garde. Bon, le salut. Faites-moi une Pulsation à l'épée de tierce. *Deterge*, & tirez-moi de quarte. Aye, aye, aye, comme vous y allez, arrêtez donc, s'il vous plaît.

ACAJOU.

AIR. *O reguingué, ô lon lan la.*

Ne pouvez-vous donc me parer,

MORTIFER.

Non je ne sçai que démontrer,
Ce n'est pas à moi d'opérer,

Ma main en seroit avilie ;
C'est le fait de la Chirurgie.

Quand il s'agit.... ah! de tirer du sang, j'ai un Frater excellent Anatomiste, qui me sert de second, & de Prévôt.

ACAJOU, *jettant les gands & le fleuret.*

Allez, M. Mortifer, ne vous mêlez que de tuer vos malades.

MORTIFER.

Corbleu, ne tombez jamais sous mon ordonnance, je vous ferois voir ce que c'est qu'un Maître d'Armes anté sur un Médecin.

SCENE IV.

METROMANE, ACAJOU.

MERTOMAME.

Un, deux, trois, quatre, cinq, six.

ACAJOU.

Ah! voilà Monsieur Metromane, le Géometre, autre original.

METROMANE.

Qu'avez-vous donc, Seigneur, quelle sombre tristesse....

ACAJOU.

Monsieur, vous me donnerez leçon une autre fois, je n'ai pas l'esprit libre; & de plus, je ne vois pas qu'il soit nécessaire qu'un jeune homme de ma sorte sçache faire des vers.

METROMANE.

Un Seigneur tel que vous doit n'ignorer de rien.

ACAJOU.

Ah ! quel homme ennuyeux !

METROMANE.

Prince, écoutez-moi bien,
Je vous l'ai déja dit : l'auguste Poësie,
Est asservie aux loix de la Géométrie :
Tout Versificateur doit sçavoir à propos,
Toiser une pensée & combiner des mots.
Que toujours le bon sens, esclave de la rime,
En forme de problême expose une maxime.
Les vers de Tragédie au milieu partagés,
Portant six pieds de long, de niveau sont rangés,
Et tout Poëte exact sur les mêmes modéles,
Ressere son génie entre deux paralleles ;
Je vous ai démontré l'art de construire un vers :
Apprenez maintenant ses usages divers.
Seigneur.

ACAJOU.

AIR. *Ah ! vraiment je m'y connois bien.*

Seigneur, votre art m'est inutile.

METROMANE.

Commencons par la plus facile,
Une leçon vous apprendra
A fabriquer un Opera.
Pour devenir Auteur lirique,
Il faut sur un plan simétrique,
Par un calcul Géometrique
Echafauder soixante mots,
Vuides de sens, forts de Musique,
Tels sont les Opera nouveaux.

ACAJOU.

Eh ! Monsieur, je n'ay point envie de faire d'Opera.

METROMANE.

Du moins de déclamer, apprenez la methode,
C'est un talent Seigneur qui devient à la mode,
Dans cet art méchanique on aime à s'exercer ;
Ecoutez mes leçons, je vais vous y dresser.

ACAJOU.

Le plus court est de le laisser dire, continuez donc puisqu'il faut en passer par-là.

METROMANE.

Pour faire des Héros une illustre peinture ;
N'allez pas sotement imiter la nature :
A voir avec quel art on nous rend leurs transports ;
Sans doute ces Héros n'étoient que des ressorts.
Sachez qu'un Prince Grec, ou qu'un Bourgeois de Rome,
Parloit au tems jadis autrement qu'un autre homme.
Ces Pirrhus, ces Brutus en peruque, en chapeau ;
En corcets de baleine, & couverts d'oripeau :
Malgré le sens commun guidés par la mesure,
D'un son harmonieux, cadançoient la cesure.
Le moindre confident sur pareil ton monté,
Avoit comme son Maître un langage noté,
Tous parloient en chantant ; & leur voix compassée
Ne s'ajustoit qu'au geste, & non à la pensée ;
Chaque Acteur pour les peindre, & s'exprimer comme eux,
Dit des vers ampoulés qui tombent deux à deux.
Examinez mon jeu, c'est ainsi que j'avance,
Je prends une attitude, & fort bien je commence.
Ma voix en même tems s'éleve par éclats,
Je balance le corps, & j'agite les bras.
Tantôt avec ardeur, je dis à ma maîtresse :
Pourquoi me fuyez-vous adorable Princesse !
Aux tourmens que j'endure ayez quelques égards,
Cruelle je mourrai privé de vos regards.
  Hélas ! de cet hélas, distinguez l'intervale,
Tantôt de mes deux bras décrivant un ovale ;
Du ton sacré des Rois, j'en impose aux humains.
Alors embarrassé de mes pieds, de mes mains,
Des yeux, & de la voix, à peine ai-je l'usage :
Je fremis, je pâlis sans changer de visage,
Sur mon flanc agité je porte un bras tremblant,
Et je m'évanouis sur mon cher Confident.
  Actrices qui briguez les honneurs de la Scene,
Que dès le premier vers la fureur vous entraîne,
Etendez votre bras pour mieux le faire voir :

Grimacez avec art, étalez le mouchoir,
Criez à tout propos, criez à perdre haleine :
Que l'on croye en un mot voir hurler Melpomene.
Par ce goût général que chacun soit conduit,
On ne doit déclamer que pour faire du bruit,
Taratantalera ; mais quel démon m'inspire ?
Quels goufres sont ouverts ? Taratantalerire.
Ah ! Princesse ! Ah ! Seigneur je deviens furieux ;
C'est ainsi qu'en partant je vous fais mes adieux.

SCENE V.

HARPAGINE, L'AVOCAT, LE PROCUREUR, L'HUISSIER, ACAJOU.

ACAJOU.

A La fin m'en voilà débarrassé, cherchons maintenant.

HARPAGINE.

Arrêtez mon poulet, voilà M. Stentor l'Avocat, qui vient vous donner votre leçon de musique.

ACAJOU.

Oh ! Madame, j'ai un si grand mal de tête.

STENTOR.

Nous ne ferons que mettre à exécution devant vous, un morceau de musique que j'ai dressé en faveur de Madame, & je produis à cet effet Monsieur Glapissant, Huissier Audiencier, & Maître Fausset Procureur, qui ont l'honneur de comparoir devant vous. Allons, Messieurs.

TRIO.

Chantons, Chantons, que notre voix éclate,
Chantons l'amante d'Acajou.

L'HUISSIER.

L'Amour ce petit fou,
Dans ses yeux fait joujou,
Comme un furet dans son trou.

TRIO.

Chantons, &c.

LE PROCUREUR.

Elle est plus tendre qu'une chate,
Qui soupire après son matou.
Miaou.

TRIO.

Chantons, Chantons, que notre voix éclate,
Chantons l'amante d'Acajou.

HARPAGINE.

Fort bien, Messieurs.

L'AVOCAT, *à Acajou.*

Quel jugement rendez-vous sur cette Piéce.

ACAJOU. (*bas à l'Avocat.*)

Monsieur, connoissez-vous une jolie Princesse, appellée Zirphile ?

L'AVOCAT.

Non Monsieur.

ACAJOU.

Hé bien ! vous m'ennuyez, laissez-moi.

HARPAGINE. (*Aux Musiciens.*)

Retirez-vous.

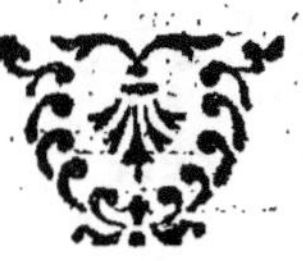

SCENE VI.

HARPAGINE, ACAJOU.

HARPAGINE.

AIR. *Je suis un bon Soldat titata.*

Mon petit Acajou,
Mon bijou
D'où provient ta tristesse,
Ne puis-je pas remplir
Ton loisir
Par ma vive tendresse.

AIR. *Quand le péril.*

Est-il chose si difficile ;
Dont mon pouvoir ne vienne à bout.

ACAJOU.

Hélas ! Puisque vous pouvez tout,
Faites-moi voir Zirphile.

HARPAGINE.

Toujours Zirphile ? Hois ! Vous la verrez si vous m'aimez bien ; la Fée Ninette la garde à vûe, & le Destin ne vous permet pas de sortir de l'enceinte de ce Palais, que vous n'ayiez ressenti de l'amour.

AIR. *Oh ! Ricandaine.*

Pour être libre, mon mignon,
Oh ! Ricandaine, Ricandon,
Dépêchez-vous donc de m'aimer,
C'est moi qui dois vous enflamer.
Ricandaine.
Vous ne vous repentirez pas
De soupirer pour mes appas
Car

Je

Je vous amuſerai,
Oricandaine;
Et je vous ſuffirai,
Oricandé.

Sans adieu mon ami, je vais faire un petit tour du monde, pour voir ce qui s'y paſſe; je ne ſerai qu'un inſtant.

SCENE VII.

ACAJOU.

AIR. *Je ne ſçai ce qu'il me veut dire.*

SUr moi le doux nom de Zirphile
A produit des effets puiſſans:
Rêvons dans un lieu plus tranquille
Au trouble imprévû que je ſens,
Je ne ſçai ce qu'il me veut veut dire;
Et malgré moi mon cœur ſoupire.

ACTE II.

Le Théatre change, & represente les jardins de Ninette.

SCENE PREMIERE.

NINETTE, ZIRPHILE.

NINETTE.

AIR. *Songez à vous défendre.*

SOngez, ſongez à vous ma fille,
Tout Amant n'eſt qu'un engoleur,
Dès qu'une fois on perd ſon cœur,
Tout s'enſuit de fil en éguille.
Songez, Songez, à vous ma fille,
Tout Amant n'eſt qu'un engeoleur,
Tout Amant n'eſt qu'un engeoleur.

ZIRPHILE.

Des Amans, un cœur, je ne ſçai pas ce que vous voulez dire, ma bonne Ninette.

NINETTE.

Quelle innocente! eſt-il poſſible que vous ſoyez toûjours ſi ſtupide au milieu d'une Cour comme la mienne qui eſt le centre de la politeſſe, des belles façons, du goût, de l'eſprit, & des plaiſirs? Nous ne ferons donc rien de vous, tous les ſoins que je prends pour vous inſtruire ſont donc inutiles?

ZIRPHILE.

Dame, apparamment que vous ne vous y prenez pas bien, tous les Meſſieurs de votre Cour diſent qu'ils m'inſtruiront mieux que vous, & vous ne voulez pas auſſi ; vous me ſuivez par-tout, & vous avez peur que je ne m'écarte un moment de ces lieux.

NINETTE.

AIR. *Ah ! Le charmant Berger que j'aime.*

Il faut que je vous accompagne
Sur tous vos pas, je veux voir clair ;
L'honneur comme un vin de champagne,
Zeſt, s'échape dès qu'il prend l'air.

ZIRPHILE.

L'honneur, qu'eſt-ce que c'eſt ? vous me parlez toujours de ce que je n'entends pas.

NINETTE.

L'honneur, eſt ce qu'on a de plus cher : par exemple, qu'eſt-ce que vous aimez mieux dans le monde ?

ZIRPHILE.

Eh.... mais, c'eſt le petit ſerin que vous m'avez donné, quoiqu'il ſoit un peu farouche.

NINETTE.

Eh bien, imaginez vous que tous les Meſſieurs ne vous font politeſſe que pour voler votre petit ſerin.

ZIRPHILE.

Oui da ! Oh, ils n'ont qu'à s'y jouer, je ſuis bien aiſe de ſçavoir cela.

NINETTE.

AIR. *Depuis long-tems charmante Brune.*

L'honneur eſt un oiſeau ſauvage,
Qui ſe déplaît dans ſon ſéjour,
Dès qu'il trouve un jour à ſa cage,
Hélas on le perd ſans retour :

Car dans les griffes de l'amour,
Il tombe en sortant d'esclavage :
Ce fripon au guet nuit & jour
L'étrangle, & s'enfuit à son tour.

ZIRPHILE.

Quoi! l'on étrangleroit mon serin; oh! je vous assure que j'y prendrai bien garde.

NINETTE.

C'est à vous même qu'il faut prendre garde ma fille.

ZIRPHILE.

Pourquoi donc?

NINETTE.

C'est que l'on ne cherche que l'occasion de vous faire quelque malice, à cause de votre simplicité; défiez-vous de tout le monde.

AIR. *Non je ne ferai pas.*

Craignez des Officiers le séduisant langage,
Craignez les gens de robe encor bien d'avantage,
Ce sont en tapinois, malgré leur air benin,
Vrais Renards affamés de l'honneur feminin.
Fuyez sur-tout les jolis Abbés de Cour.

AIR. *On voit dès le deuxiéme.*

Avec beaucoup d'adresse,
Le Galant à rabat,
Cache sous sa tendresse
Sa volonté traîtresse.
Auprès de sa maîtresse,
Figurez-vous un chat.
Un chat avec finesse,
Tout doucement caresse,
Mais sitôt qu'on le flate,
Il saisit cet instant,
Et sa griffe aussi-tôt s'étend,
Paf, c'est le coup de pate.

Vous ne m'écoutez pas ?

ZIRPHILE.

Pardonnez-moi ma bonne.

NINETTE.

Qu'ai-je dit ?

ZIRPHILE.

Mon ſerin, des fripons, un Abbé qui fait le chat. Et puis... Oh, dame je ne ſçai plus.

NINETTE.

Je vois bien que je perds mon tems, ma chere Zirphile, pour vous garentir de tout accident ; il vous ſuffira de garder ſoigneuſement l'anneau conſtellé que vous avez au doigt.

AIR. *La jeune Abeſſe de ce lieu.*

Par l'effet de ce Taliſman,
Dont la puiſſance eſt infinie,
Une fille peut aiſément
Commander au plus grand Génie.
Cet anneau la rend égale aux Rois,
Tout l'Univers eſt ſous ſes Loix.

AIR. *Baiſe-moi donc, me diſoit Blaiſe.*

Pour conſerver votre avantage,
Gardez toûjours un ſi précieux gage,
Me le promettez-vous ?

ZIRPHILE.

Oh ! oüi !
Mais ſi quelque fripon me l'ôte,
Dame il faudra s'en prendre à lui :
Car ce ne ſera pas ma faute.

NINETTE.

On ne pourra point vous l'ôter ſans votre conſentement; mais vous êtes menacée de le donner vous-même à quelqu'un que vous aimerez : ſi cela arrivoit, la méchante Fée Harpagine s'empareroit de vous, & nous ne pourrions peut-être plus vous unir au joli Prince que nous vous destinons.

ZIRPHILE.

Oh! N'ayez aucune crainte.

NINETTE.

J'apperçois Prodagrambo; c'est un sot Génie, qui a le privilége d'être ennuyeux, nous ne pouvons l'éviter.

SCENE II.

PODAGRAMBO, *en habit de petit Maître.*

ZIRPHILE, NINETTE.

PODARAMBO, *à Ninette.*

BOn jour la petite Fée. (*à Zirphile*,) Serviteur ma belle Reine.

AIR. *N'avez-vous pas vû l'horloge.*

Commençons par son Eloge,
J'ai mon compliment tout prêt :
Belle en vos yeux l'amour loge,
Et sa fléche est en arrêt.
N'avez-vous pas vû l'horloge,
Sçavez-vous, qu'elle heure l'heure il est.

Je ne m'en suis pas mal tiré. (*à Ninette*,) croiriez vous bien, Madame, que je me suis pris de goût pour elle, c'est en honneur.

NINETTE.

C'est un hommage bien flateur pour Zirphile ! Le Fat!

PODAGRAMBO, *à Zirphile.*

Oui, mon adorable.

NINETTE.

Ne lui répondez rien.

PODAGRAMBO.

Vous ne dites mot ? Doutez-vous du propos que je tiens ?

AIR. *Réveillez-vous belle endormie.*

De mon esprit le feu rapide,
Ne prend point sur le sentiment;
Votre silence m'est perfide,
Car je vous aime étonnamment.

Permettez....

ZIRPHILE.

Laissez-moi là.

NINETTE.

Doucement, Seigneur, plus de retenue, vous la fâcheriez.

PODAGRAMBO.

A d'autres !

AIR. *Mon honneur alloit faire naufrage.*

En amour quand mon bonheur m'appelle.
A l'instant je cours le grand galop;
On obtient mieux son pardon d'une belle,
Quand on n'est pas assez sage avec elle,
Que quand on l'est trop.

NINETTE.

Songez que c'est une fille que j'ai élevée.

PODAGRAMBO.

Eh ! mais vous l'avez élevée très-mal, très-mal, elle est plus farouche qu'une Bourgeoise; cela est pitoyable ! Je veux en faire quelque chose, moi; venez, maman.

ZIRPHILE.

Voulez-vous bien finir ?

NINETTE.

Donnez-vous patience, Seigneur.

AIR. *De la Chercheuse d'Esprit. A present je ne dois plus feindre.*

Lorsqu'une trop vive lumiere,
Frape à l'imprevû la paupiere,
On ne distingue aucun objet;
Devant vous Zirphile interdite,
Vient d'éprouver le même effet,
Par l'éclat de votre mérite.

Laissez-lui le tems de revenir à elle-même, & donnez-moi le bras jusqu'à mon appartement.

PODAGRAMBO.

Soit. Sans adieu petite cruelle.

SCENE III.

ZIRPHILE, ACAJOU.

ZIRPHILE.

MA bonne a bien fait de l'emmener; il augmentoit mon ennui.

ACAJOU, *que l'on ne voit point.*

AIR. *Pour voir un peu comment ça fra.*

Hèlas !

ZIRPHILE.

Mon cœur est tout ému,
J'entens une voix qui soupire.

ACAJOU, *(sans être vû.)*

Hélas !

ZIRPHILE.

ZIRPHILE.

Par un charme inconnu
Elle me trouble, elle m'attire,
Répondons-lui ſur ce ton-là,
Pour voir un peu comment ça fra.

AIR. *Oh! oh, ah, ah.*

Hélas.... Ciel je découvre
A travers ce Taillis....
La pallissade s'ouvre,
Tous mes ſens ſont ſurpris.

ACAJOU, (*paroiſſant.*)

Oh, oh.

ZIRPHILE.

Ah! ah

Enſemble.

Ac. Ah l'aimable objet que voilà!
Zir. Le beau jeune homme que voilà!

ACAJOU.

AIR. *Je ſens un certain je ne ſçai quoi.*

Abordons-la.

ZIRPHILE.

Monſieur.

ACAJOU.

Je!

ZIRPHILE.

Oui!

ACAJOU.

Je ne puis lui rien dire!

ZIRPHILE.

Le cœur me bat.

ACAJOU.

Ciel! parlons lui,
Qu'elle a ſur moi d'empire!

ZIRPHILE.

En le voyant mon ennui ceſſe,

Quel changement ſe fait en moi,
Je ſens un certain je ne ſçai qu'eſt-ce.

ACAJOU.

Je ſens un certain je ne ſçai quoi.

ZIRPHILE.

Qui êtes-vous beau garçon?

ACAJOU.

Je m'appelle Acajou, & vous?

ZIRPHILE.

Zirphile.

ACAJOU.

Zirphile! Quoi vous êtes cette Zirphile.... que je ſens de plaiſir à vous voir!

ZIRPHILE.

Eh moi.... Oh je ſuis ſi aiſe que.. que je ne ſçaurois lui répondre.

ACAJOU.

Qu'elle eſt charmante!

AIR. *Comme vlà qu'eſt fait.*

Ces fleurs qui parent la nature
Paliſſent près de cet objet,
Le Ciel dont la lumiere eſt pure
M'offre un ſpectacle moins parfait,
Mon ame vole & l'environne
Par l'effet d'un pouvoir ſecret.
Quel teint! quelle bouche mignone!
Quels yeux! mais quel nouvel attrait!
Comme vlà qu'eſt fait. (*bis*)

ZIRPHILE.

Vous me trouvez donc belle?

ACAJOU.

Ah rien n'eſt ſi beau dans l'Univers, j'en crois plus mon cœur, que les diſcours d'Harpagine.

ZIRPHILE.

Seriez-vous le joli Prince que l'on dit qu'elle tient

renfermé, vous ne retournerez plus chez elle, n'est-ce pas ?

ACAJOU.

Je veux toujours rester avec vous, si vous me le permettez.

ZIRPHILE.

Oh, oui ! qu'il est beau ! Ecoutez : de crainte que cette vilaine Fée ne vous renferme encore, je vous cacherai quelque part, & je vous nourrirai sans qu'on le sçache, de bon bons & de confitures.

ACAJOU.

C'est bien dit.

ZIRPHILE.

La Fée Ninette m'a dit, de me défier de tous les Messieurs, parce qu'ils veulent me faire des malices, mais sûrement vous êtes excepté; car je sens bien que vous ne pouvez me faire que du plaisir.

ACAJOU.

Du plaisir !

ZIRPHILE.

Elle ma dit encore que l'on ne me fait des politesses que pour voler mon serin, mais je ne m'en soucie plus, si vous le voulez, je vous le donnerai.

ACAJOU.

Plus je l'entens, & plus mon cœur....

ZIRPHILE.

Comment vous êtes-vous échappé du Palais de la méchante Harpagine ?

ACAJOU.

Je n'en pouvois sortir que je n'eusse senti de l'amour ; je vous ai vû à travers ce feuillage, un trait de flamme m'a pénétré, la palissade s'est ouverte d'elle-même, c'est à vous que je dois ma liberté, le trouble qui m'agite eſt ſans doute de l'amour.

ZIRPHILE.

Je ſens donc auſſi de l'amour, moi ?

ACAJOU.

Quoi vous m'aimez !

ZIRPHILE.

Si le déſordre de nos ſens s'appelle de l'amour, oui, Acajou, je vous aime, je vous aime, & puis encore.

ACAJOU.

Je trouve enfin cette félicité que mon cœur m'annonçoit ſans la connoître.

AIR. *Ah ! mon mal ne vient que d'aimer.*

Inceſſamment je ſoupirois,
Après un bien que j'ignorois.

ZIRPHILE.

J'avois de même du ſouci,
Sans en ſçavoir la cauſe,
Hélas il me manquoit auſſi
Comme à vous quelque choſe.

AIR. *Dans votre joli corbillon qui met-on.*

Il faudra toujours être enſemble,
Pour nous amuſer tous les deux,
Nous jouerons à de petits jeux,
Oui, c'eſt bien dit, que vous en ſemble ?

ACAJOU.

Je veux ma chere,
Ce qui peut vous plaire.

ZIRPHILE.

Sur ce verd gazon,
Il faut joüer au corbillon,
Qu'y met-on.

Donnez-moi la main.

ACAJOU.

Air. *Voyez-vous.*

Je voudrois ſur ces jolis doigts,
Prendre un baiſer ma mie.

ZIRPHILE.

Prenez en deux, prenez-en trois,
Contentez votre envie,
Voyez-vous.

ACAJOU.

Rien n'eſt ſi doux
Je crois, dans la vie,
Que mon ame eſt ravie.

ZIRPHILE.

Quelle nouvelle émotion dévelope mes ſentimens, une foule d'idées ſe préſente à mon eſprit, je ne ſuis plus la même.

ACAJOU.

Ma chere Zirphile!

ZIRPHILE.

Air. *Eſt-il de plus douces odeurs.*

Mon cœur s'anime à tes accens,
Un Dieu s'en rend le maître;
Quel cahos offuſquoit mes ſens,
Avant de te connoître:
Le jour n'avoit point luit pour moi,
C'eſt toi qui me fait naître.

ACAJOU.

Je ſens auſſi.... je ſens en moi,
Ah! je prens un nouvel être.

A l'ombre de ce verd bocage.

Quelle volupté fait éclore
Dans mon cœur un ardent déſir,
Un autre lui ſuccede encore,
Et m'annonce un nouveau plaiſir;
Qu'un doux baiſer, ah! je t'adore,

J'ai ſenti nos ames s'unir ;
Viens, redouble, que l'on ignore,
Qui de nous deux pouſſe un ſoupir.

SCENE IV.

PODAGRAMBO, ZIRPHILE, ACAJOU.

PODAGRAMBO.

QUe vois-je ! Acajou & Zirphile, courons avertir Harpagine.

SCENE V.

ACAJOU, ZIRPHILE.

ZIRPHILE.

MOn cher Acajou, croyez-vous que nous puiſſions nous aimer encore davantage ?

ACAJOU.

Cela pourroit bien être, chaque moment augmente mon amour & mes déſirs.

ZIRPHILE.

Pourquoi avons nous tant de plaiſir d'être enſemble ?

ACAJOU.

Sortez de vos retraites.

Le Dieu qui nous enflamme,
Ne me donnât, je croi,
Que la moitié d'une ame,

Et l'autre étoit pour toi ;
Toujours chaque partie
Cherchoit ses premiers nœuds,
Cette ame réünie,
Nous rend égaux aux Dieux.

ZIRPHILE.

Je le crois, comme vous (*appercevant Harpagine.*) Ah !

ACAJOU.

O ciel !

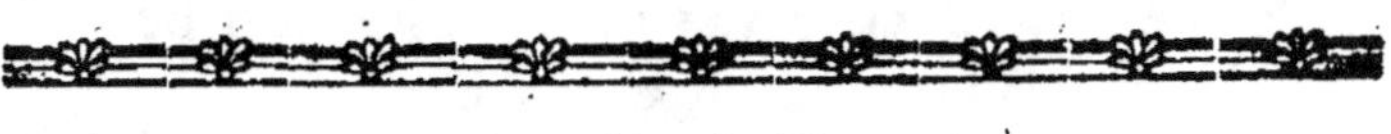

SCENE V.

HARPAGINE, ACAJOU.

HARPAGINE.

ARrêtez. Comment avez-vous pû sortir ?

ACAJOU.

Ah, Madame, j'ai vû Zirphile, mais ce n'est pas ma faute ; pourquoi n'avez-vous pas fermé vos jardins d'un mur au lieu d'une palissade ?

HARPAGINE.

Il a raison, je reconnois ma sotise, suivez-moi.

ACAJOU.

Non, s'il vous plaît, je resterai avec Zirphile.

HARPAGINE.

Je perds par mon imprudence le pouvoir que j'avois sur lui ; que ferez-vous avec une petite sotte comme Zirphile ?

ACAJOU.

Elle a tout l'esprit du monde, elle m'aime.

Air. *Quelle flamme brûle mon ame.*

Lorſqu'on aime,
Dès l'inſtant même
L'eſprit naît du ſentiment,
Dans notre ame
Un trait de flamme,
Fait briller un jour plus charmant.

HARPAGINE.

Vous l'aimez donc auſſi ?

ACAJOU.

Ce n'eſt pas encore ma faute, elle eſt ſi belle !

HARPAGINE.

Vous la préferez à moi, qui vous aurois élevé au-deſſus de la nature, tous les mortels auroient fléchi devant vous.

ACAJOU.

Air. *L'occaſion fait le larron.*

Ces vains honneurs n'offrent rien qu'impoſture,
Zirphile eſt tout, je voudrois en l'aimant
Eſtre ignoré de toute la nature,
Et connu d'elle ſeulement.

HARPAGINE.

Je ſuffoque de rage.

ACAJOU.

Cela vous fâche.

HARPAGINE.

Ne craignez rien, mon ami, je fais un généreux effort, vous m'êtes cher malgré votre ingratitude, je vais immoler mon repos au vôtre, en vous uniſſant moi-même à Zirphile pour faire votre bonheur.

ACAJOU.

Tout de bon ?

HARPAGINE.

HARPAGINE.

Oui, je vous le jure, mais il faut me prouver que vous êtes aimé de Zirphile ; sans cela Ninette n'y consentiroit pas.

ACAJOU.

Zirphile m'aime, vous dis-je, elle me l'a dit, & de plus...

AIR. *Bacchus disoit :*

Quand mes regards exprimoient ma tendresse,
Les siens plus doux s'expliquoient encor mieux,
En ma faveur Zirphile s'interesse ;
J'ai vû son cœur tout entier dans ses yeux.

AIR. *Tant de valeur & tant de charmes.*

La bouche la plus éloquente
Est moins fertille en sentimens ;
Mon ame dans ses yeux charmans,
Puise une yvresse qui m'enchante.

HARPAGINE.

Cela ne suffit pas, je croirai qu'elle vous aime si vous m'apportez son anneau, je ne puis vous servir qu'à cette condition, je vais me tenir à l'écart, allez la rejoindre : dès que vous aurez l'anneau appellez-moi.

SCENE VI.

ZIRPHILE, ACAJOU.

ACAJOU.

Zirphile, Zirphile.

ZIRPHILE.

Est-elle partie ?

ACAJOU.

Ne craignez plus rien, Harpagine ne s'opose point à nos désirs.

ZIRPHILE.

Est-il possible!

ACAJOU.

Elle veut faire elle-même notre bonheur, si vous y consentez.

ZIRPHILE.

Si j'y consens! en doutez-vous?

ACAJOU.

Le vieux Docteur Blaise.

De votre tendresse
Donnez-moi ma chere maîtresse,
Un gage nouveau.

ZIRPHILE.

Quel gage nouveau?

ACAJOU.

Hélas! c'est votre anneau.

ZIRPHILE.

Que je vous le donne,
O Ciel! que me diroit ma bonne?
Il fait mon bonheur,
Je perdrois l'honneur,
Mes attraits, votre cœur.

ACAJOU.

Quand on s'aime bien,
On ne refuse rien,
Que craignez-vous tant,
Je le veux un instant,
Aussi-tôt je vous le rend,
L'amour en est garant.

ZIRPHILE.

Dieux quel embarras!

ACAJOU.

Vous ne m'aimez pas.

ZIRPHILE.

Mon trouble
Redouble,
Que faire hélas!
Non, non.

ACAJOU.

Point d'excuse,
Quoi Zirphile me le refuse!
Je m'en vais mourir.

ZIRPHILE.

Tu me fais fremir!
Attend, mais....
Quel désir!

ACAJOU.

Quelle crainte extrême,
Vous allarme quand je vous aime.

ZIRPHILE.

Il m'arrivera,
Tout ce qu'il pourra,
Tu le veux, le voilà.

ACAJOU.

AIR. *A ta mere à présent.*

O Dieux quelle douceur!

ZIRPHILE.

Qu'en allez-vous faire?

ACAJOU.

Il va combler mon bonheur
Au gré de nos désirs;
Nous serons, ma chere,
Toujours au sein des plaisirs.

ZIRPHILE.

J'oublie en vous voyant tous les dangers dont on m'a menacée, si je donnois mon anneau; je ne crains plus que pour vous.

ACAJOU.

AIR. *Le Savetier matineux.*

Sur le sort le plus affreux,

Mon ame reste tranquille.
Qu'ai-je à craindre de fâcheux,
Je suis aimé de Zirphile. (*bis*)

SCENE VII.

HARPAGINE, ACAJOU, ZIRPHILE.

ACAJOU.

APprochez, Madame, voilà la preuve & le gage de son amour pour moi.

HARPAGINE.

Voyons. Je suis satisfaite, tremblez malheureux, vous êtes deux victimes dévouées à toute ma colére.

AIR. *De mon pot je vous en répond.*

Puisqu'un autre obtient ton cœur,
Ingrat fremis d'horreur;
Crains tout de ma fureur extrême,
Je vais remetre à l'instant même,
Au pouvoir de Podagrambo,
Zirphile & son anneau.

SCENE VIII.

ACAJOU.

AIR. *Le bonheur de ma vie.*

O Trop funeste sort!
Ma tendresse est trahie!
Vient me donner la mort,
O barbare ennemie:

Zirphile m'est ravie,
Je retombe au néant,
Mon bonheur & ma vie
N'ont duré qu'un instant.

SCENE IX.

NINETTE, ACAJOU.

NINETTE.

OH moment favorable !
C'est l'amour
Qui le conduit à ma Cour ?
Eh bon jour Prince aimable,
Que depuis long-tems
J'attends,
Ici pour vous s'apprête,
Un himen qui va remplir
Votre désir :
J'ai commandé la fête,
Livrez-vous au plaisir.

J'ai découvert par mon art que vous vous affranchirez aujourd'hui du pouvoir d'Harpagine, que vous verriez Zirphile, que vous l'aimeriez, qu'elle vous aimeroit, en un mot que vous vous conviendriez tous deux.

AIR. *J'étois perdue.*

Mais, quoi vous ne répondez pas,
L'accueil est sauvage ;
Je ne vois point Zirphile.

ACAJOU.

Helas !

NINETTE.

Quel affreux présage !

Je la cherche en vain des yeux,
Qu'eſt-elle devenue ?
Elle n'eſt point en ces lieux ,

ACAJOU.

Elle eſt , elle eſt perdue.

AIR. *Du pain, de l'eau, elle vit.*

La fureur de moi s'empare.

NINETTE.

Que lui vient-il d'arriver ?

ACAJOU.

Harpagine, la barbare !

NINETTE.

Hé bien !

ACAJOU.

Vient de l'enlever,
Je me trouble, je m'égare.

NINETTE.

Arrêtez, cher Acajou,
Le bon ſens eſt déja rare ,
N'allez pas devenir fou.

Je vois la cauſe de vos malheurs , Zirphile a eu l'imprudence de vous donner l'anneau, qui la garantiſſoit de tous les revers, mais le mal eſt fait, il s'agit d'y trouver un prompt remede, attendez, je vais mettre mes lunettes; ô Dieux! Podagrambo & Zirphile.

ACAJOU.

Air.

Ah ! quel malheur , tout eſt perdu.
Je meurs, dépêchez-vous , Madame ,
Je crains que l'objet de ma flamme ,
Trop tard me ſoit rendu.

NINETTE.

Remettez-vous par le pouvoir des Fées, ſans que votre maîtreſſe ait perdu la vie, ſa tête eſt montée dans la Lune.

ACAJOU.

Dans la Lune !

NINETTE.

Oui, & ſon corps ſe promene dans les jardins de Podagrambo.

ACAJOU.

Mais Madame, vous vous mocquez, mon rival n'eſt point à plaindre, s'il alloit épouſer ce qui lui reſte.

NINETTE.

Ne vous allarmez point, il ne peut en approcher qu'il ne ſoit poſſeſſeur de la tête, il va la chercher dans la Lune, il faut que vous le preveniez.

ACAJOU.

Eh ! comment voulez-vous que je parvienne à la Lune, moi ?

NINETTE.

Je vous éleverai d'un coup de baguette au-deſſus de la moyenne région, & comme les têtes d'amoureux ont un rapport intime avec la Lune, cet aſtre vous attirera auſſi par une attraction naturelle.

ACAJOU.

Et pour revenir ?

NINETTE.

Vous deſcendrez avec les influences : que cela ne vous inquiéte pas, ne ſongez qu'à réuſſir.

ACAJOU.

Quel en eſt le moyen ?

NINETTE.

Prenez cette bequille, celui qui la porte ne fait point de fauſſes démarches, ces lunettes vous éclairciront le jugement, & vous empêcheront d'être reconnu de Podagrambo : attendez ne les mettez pas encore, vous ſeriez trop raiſonnable pour arriver à la Lune, ſuivez-moi.

ACTE III.

Le Théatre change & repréſente un boſquet de la Lune.

SCENE I.

La tête de Zirphile ſur un Buiſſon de Roſes.

AIR. *Je crois Liſon.*

CHer ſouvenir,
Non, je ne puis te bannir,
L'amour alloit m'unir
Au beau Prince que j'aime;
Tout le bonheur
Dont il ennivroit mon cœur
Paſſe de même
Qu'un ſonge vain & flateur.

AIR. *Que je regrette mon Amant.*

Que je regrette mon Amant,
Quoiqu'il cauſe mon infortune,
Pour avoir aimé tendrement,
Voilà ma tête dans la Lune.
Si chaque fille eſt dans ce cas,
Les têtes ſont rares là bas.

AIR. *Sans le ſçavoir.*

Un charme affreux ici m'arrête;
Il ne me reſte que la tête,
Quel arrangement puis-je avoir;
Podagrambo du reſte eſt maître,
Et je déteſte ſon pouvoir,
Je réponds à ſes feux peut-être,
Sans le ſçavoir.

SCENE II.

SCENE II.

ACAJOU *en Vieillard*, LA TESTE DE ZIRPHILE.

ACAJOU, *sans être vu.*

AIR. *Oh Pierre, oh Pierre.*

MA peine est inutile,
Et je cours comme un fou,
Zirphile, ma Zirphile.

LA TESTE DE ZIRPHILE.

C'est la voix d'Acajou.

ACAJOU, *sans être vu.*

Zirphile, Zirphile.

LA TESTE.

Oui, j'entends Acajou.

ACAJOU, *paroissant.*

Serai-je toujours assailli de têtes folles, sans trouver celle que je cherche, je parcours en vain tous les bosquets de la Lune, Podagrambo m'aura prévenu : malheureux Acajou !

LA TESTE.

Trois Enfans gueux.

Jettez les yeux sur ce buisson de fleurs,

ACAJOU.

Que vois-je, hélas ! c'est Zirphile elle-même.

LA TESTE.

C'est Acajou qui vient secher mes pleurs,
Je vois encor le cher Amant que j'aime.

Par quel hazard êtes-vous aussi dans la Lune ?

ACAJOU.

La Fée Ninette vient de m'y transporter pour vous procurer la liberté.

LA TESTE.

Eh! dites-moi de grace, pourriez-vous m'apprendre des nouvelles de moi.

ACAJOU.

Comment des nouvelles de vous?

LA TESTE.

Oui.

AIR. *C'est une excuse.*

Mon corps est resté seul là bas,
Et j'ai tout lieu de craindre hélas!
Quelque maligne ruse;
S'il fait par malheur des faux pas,
Ma tête ne le conduit pas,
C'est une excuse.

ACAJOU.

Tranquillisez-vous, il est sous la garde des Fées, je viens chercher cette tête charmante pour l'y réunir. Mais hâtons-nous de prévenir Podagrambo, car il a le même dessein.

LA TESTE.

Arrêtez ce Génie.....

ACAJOU.

Ne l'appréhendez point, il ne pourra me reconnoître sous ce déguisement, dès que je mettrai ces lunettes que la bonne Fée ma données.

AIR. *Nous sommes Précepteurs d'amour.*

Venez volez entre me bras.

LA TESTE.

Je ne puis, un charme m'arrête,
Sans mon anneau, l'on ne peut pas
Se rendre maître de ma tête.

ACAJOU.

Comment, je n'y pourrai réussir si je n'ai votre anneau?

LA TESTE.

Non, & le vilain Génie le possede.

ACAJOU.

Je suis au desespoir.

LA TESTE.

Le voilà pour comble de malheur.

ACAJOU.

Cachez-vous un moment dans ce buisson, l'amour m'inspire une idée.

SCENE III.

PODAGRAMBO, ACAJOU.

PODAGRAMBO (*avec un trébuchet.*)

PEtite, petite, petite, voilà une tête femelle qui me fait voir bien du pays. Petite, petite, rien ne paroît [*appercevant Acajou*] enseignez-moi ce que je cherche.

ACAJOU.

Que cherchez-vous, vous ne pouvez mieux vous adresser qu'à moi, je suis habitant de ces lieux: c'est ici le magasin des choses perdues, & j'en ai l'intendance.

PODAGRAMBO.

Tant mieux, vous pourriez m'être utile.

ACAJOU.

Les Animaux, les végetaux, tous les Etres que vous voyez dans la Lune sont des choses évaporées de votre monde, qui prennent ici des formes caractérisées.

PODAGRAMBO.

Ah ! ah !

ACAJOU.

Par exemple : l'esprit étourdi des petits-Maîtres voltige dans la Lune sous la figure des Hannetons & des Papillons.

AIR. *Dans le fond d'une écurie.*

Ici l'esprit des Coquettes
Par l'intérêt animé,
En Abeille transformé,
Vit du tribut des fleurettes,
Et du lys au jassemin,
Vole & succe son bon butin.

PODAGRAMBO.

Eh ! Qu'est-ce que c'est que cette foule d'oiseaux dont ces bosquets sont remplis ?

ACAJOU.

Vaud. *De la Parodie de Roland.*

La vertu legere des belles,
Ici paroît avec des ailes.

PODAGRAMBO.

Quel cas nouveau !

ACAJOU.

Toujours par quelque moyen drôle,
Dans la Lune l'honneur s'envole
Comme un Oiseau.

Nous en avons ici de toutes les especes.

AIR. *L'amour n'est pas un Oiseau.*

On en voit dans ce boccage
De petits foibles encore,
Beaucoup même on pris l'essor
Avant d'avoir leur plumage.

PODAGRAMBO.

Ce n'est pas tout cela que je cherche : c'est la tête de ma maîtresse.

ACAJOU.

Les têtes d'amoureux aiment la solitude, vous la trouverez peut-être dans ce boccage.

PODAGRAMBO.

Gramercy, je vais y tendre mon trébuchet.

ACAJOU.

Ah! ah, ah, vous voulez prendre les filles au trébuchet : ce sont elles qui nous y prennent, laissez-moi faire, je l'attrapperai moi, il y a cinquante ans que je fais la chasse à ces oiseaux.

PODAGRAMBO.

Eh! comment pourrez-vous attraper la tête legere d'une jeune fille de quinze ans, vous êtes si vieux.

ACAJOU.

C'est à cause de cela que j'y réussirai.

L'innoncence est craintive,
Et les jeunes tendrons,
Sont sur la défensive,
A l'aspect des garçons
Galants,
Trop pétulens,
Vous manquez leur défaite,
Par trop d'ardeur
On leur
Fait peur ;
Mais un Vieillard
Gaillard
A l'art
D'attraper une fillette,
Et cela sans courir.

PODAGRAMBO.

De quelle maniere ?

ACAJOU.

On se sert d'appeaux, on attire la tête d'une jeune fille par la curiosité, la louange, la médisance & les contes frivoles, vous alez voir; comment se nomme votre maîtresse?

PODAGRAMBO.

Zirphile.

ACAJOU.

AIR. *Ah! vraiment je m'y connois bien.*

Venez adorable Zirphile,
Venez embellir cette azile,
Par l'éclat de vos yeux vainqueurs,
Vous allez enflamer nos cœurs.

PODAGRAMBO.

Oh! oh, la voilà, vous avez raison, je vais la prendre pendant que vous l'amuserez.

ACAJOU.

Non, je la prendrai mieux que vous, parce que j'ai plus d'expérience, & vous l'amuserez mieux que moi, parce que je m'apperçois que vous avez plus d'esprit.

PODAGRAMBO.

Cela n'est pas étonnant, je suis un Génie.

ACAJOU.

Je vais donc......

PODAGRAMBO.

Attendez, attendez, ah! ah, ah, avec toute votre expérience, vous ne sçavez pas que l'on ne peut avoir la tête de ma maîtresse sans cet anneau, tenez le voilà; prenez-la subtilement pendant que je vais faire un conte. Je vais m'asseoir pour reciter plus à mon aise.

AIR. *Voyelles anciennes.*

Il étoit une fois un Roi,
Et puis il étoit une Reine,
La Reine un jour disoit au Roi,
Et le Roi disoit à la Reine,
La Reine un jour disoit au Roi.
Et le Roi disoit à la Reine.

(il s'endort.)

SCENE IV.

HARPAGINE, PODAGRAMBO.

HARPAGINE.

JE crains que le Génie ne fasse quelque nouvelle étourderie : suivons-le dans son entreprise.

PODAGRAMBO *continue.*

La Reine un jour disoit au Roi,
Et le Roi disoit à la Reine.

HARPAGINE.

Comment il dort, que faites-vous donc là, Seigneur ?

PODAGRAMBO.

Paix, chut, je fais un conte pour endormir la tête de Zirphile.

HARPAGINE.

Qu'est-ce que cela veut dire ?

PODAGRAMBO.

Point de bruit, on va la prendre tout doucement, pendant que je l'amuse ; je viens de donner l'anneau à un Habitant de la Lune qui fait son métier d'attraper des têtes. Ah ! ah, ah.

HARPAGINE.

Qu'avez-vous fait, tout est perdu.

SCENE V. & derniere.

NINETTE, ACAJOU, ZIRPHILE, PODAGRAMBO, HARPAGINE.

NINETTE.

VEnez tendres Amans, venez triompher de leurs complots; & vous perfides disparoissez que leur union fasse votre supplice; le sot Génie a donné lui-même à son rival l'anneau qui assure pour jamais leur bonheur, & détruit votre puissance, vous êtes tous deux les victimes de votre propre malice les sots & les méchans n'ont point de plus grands ennemis qu'eux-mêmes. *(ils s'abiment.)*

ACAJOU.

AIR. *Ainsi qu'un Hirondelle.*

D'un sort digne d'envie,
Les Dieux me font jouir.

ZIRPHILLE.

Aux Dieux je dois la vie,
A toi tout mon plaisir.
Oui je dois moins encore
Aux Dieux qu'à mon Amant;
C'est lui qui fait éclore
En moi le sentiment.

NINETTE.

Les Nains mes Sujets ont préparé une mascarade : je vais les transporter ici d'un coup de baguette avec tout mon Palais.

FIN.

www.ingramcontent.com/pod-product-compliance
Lightning Source LLC
LaVergne TN
LVHW020627110826
845149LV00004B/1068